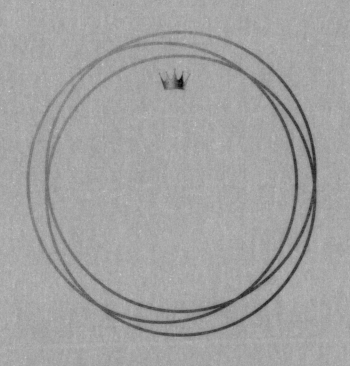

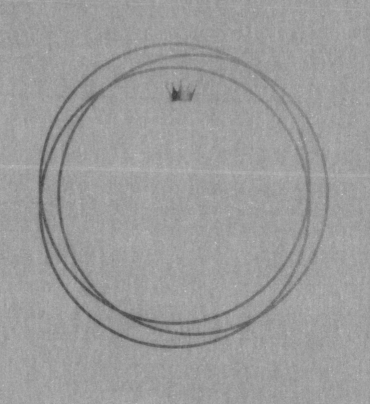

人格をつくる言葉

大川隆法

Ryuho Okawa

人格をつくる言葉　目次

人格《じんかく》をつくる言葉《ことば》

①

愛《あい》の原点《げんてん》は、何《なに》かをおねだりすることではない。

②

自分《じぶん》の自我《じが》が傷《きず》つくことを怖《おそ》れている人《ひと》は、まだ愛《あい》に目覚《めざ》めていない。

③

傷《きず》つくまで人《ひと》を愛《あい》したことがあるか。

④

自分《じぶん》が認《みと》められることのみを追《お》い求《もと》める人生《じんせい》は、
虚《むな》しい。

⑤

一体《いったい》、何歳《なんさい》になったら、「お返《かえ》しの人生《じんせい》」という言葉《ことば》に出会《であ》えるのか。

⑥

感謝《かんしゃ》は、努力《どりょく》を続《つづ》ける者《もの》にのみ許《ゆる》される喜《よろこ》びである。

⑦

信仰《しんこう》をあざ笑《わら》う人《ひと》からは、遠《とお》ざかれ。

⑧

信仰《しんこう》に目覚《めざ》めていない人《ひと》には、「生《い》かされている」感覚《かんかく》は生《う》まれない。

⑨

自分《じぶん》をほめ讃《たた》えるな。ほめ讃《たた》えるべきは、神《かみ》お一人《ひとり》である。

⑩

神《かみ》の御《み》手《て》足《あし》になり切《き》ることが、自《じ》己《こ》実《じつ》現《げん》の全《すべ》てである。

⑪

自分《じぶん》に利益《りえき》がないなら「疑《うたが》う」という姿勢《しせい》は、動物《どうぶつ》とさほど変《か》わらない。

⑫

ほめられた時《とき》のみ信《しん》じ、否定《ひてい》されると、すぐに恨《うら》む、というのは真《まこと》の平凡人《へいぼんじん》である。

⑬

他人《ひと》の目《め》がないと、必《かなら》ず悪《わる》さをする人《ひと》は、調教前《ちょうきょうまえ》の動物《どうぶつ》と同《おな》じである。

⑭

偽我《ぎが》とは何《なに》か。蝶《ちょう》に似《に》た蛾《が》にも似《に》て、皆《みな》に知《し》られると「ガッカリ」されるあなたである。

⑮

魅力《みりょく》とは、化《ば》けることではなく、人格《じんかく》からにじみ出《だ》す光《ひかり》である。

⑯

成功《せいこう》の時《とき》は、誰《だれ》しも天使《てんし》のように見《み》える。失敗《しっぱい》しても天使《てんし》に見《み》える人《ひと》を目指《めざ》せ。

⑰

悲《かな》しみの時《とき》にも、信仰《しんこう》を失《うしな》わない人《ひと》は、本当《ほんとう》に美《うつく》しい。

⑱

「心《こころ》」を見《み》つめよ。「欲《よく》」しか見《み》えなかったら、道《みち》は、はるかに遠《とお》い。

⑲

楽《たの》しい時《とき》は、幸福《こうふく》だ。しかし、一時的《いちじてき》なものであることが多《おお》い。

⑳

結婚《けっこん》とは、二本《にほん》の小川《おがわ》が一本《いっぽん》の川《かわ》となるようでありたい。

㉑

性愛《せいあい》は、いつしか幻想《げんそう》となる。それでも、あなたの人格《じんかく》は、安定《あんてい》しているか。

㉒

醜《みにく》いものが美《うつく》しく見《み》え、美《うつく》しいものが醜《みにく》く見《み》える。
あなたは、まだ、青春《せいしゅん》のどこかを彷徨《さまよ》っている。

㉓

子供《こども》は、必《かなら》ずしもかわいいものではない。あなたもそうであったのだ。

㉔

親《おや》の愛情《あいじょう》がしみじみと分《わ》かってこなければ、普通《ふつう》の人間《にんげん》にまだ届《とど》かない。

㉕

温《あたた》かい人格《じんかく》は、一朝一夕《いっちょういっせき》には作《つく》れない。

㉖

他人《ひと》のお役《やく》に立《た》ちたいと願《ねが》っている人格《じんかく》は、草木《そうもく》に埋《うず》もれることはない。

㉗

生命《いのち》あるもの全《すべ》てに、神仏《しんぶつ》の光《ひかり》を感《かん》じよ。

㉘

よく転《ころ》ぶ者《もの》は、よく立《た》ち上《あ》がる者《もの》でもある。

㉙

作《つく》り笑《わら》いで評判《ひょうばん》を取《と》る人間《にんげん》となるな。

㉚

大《おお》いなる希望《きぼう》はよい。しかし、現実《げんじつ》は、いつも厳《きび》しいということも忘《わす》れるな。

㉛

ひび割《わ》れた真珠《しんじゅ》には値打《ねう》ちがない。しかし、あなたは、フェイクの真珠《しんじゅ》がそんなに美《うつく》しく見《み》えるのか。

㉜

重《おも》い石《いし》は池《いけ》に沈《しず》み、軽《かる》い油《あぶら》は表面《ひょうめん》に浮《う》かぶ。しかし、
煩悩《ぼんのう》の重《おも》さは、誰《だれ》が決《き》めるのか。

㉝

氷《こおり》多《おお》きに水《みず》多《おお》し。多《おお》くの間違《まちが》いが、多《おお》くの救《すく》い道《どう》具《ぐ》を作《つく》る。

㉞

この世《よ》での性欲《せいよく》は、罪《つみ》なき方向《ほうこう》に進《すす》んでいる。しかし、「血《ち》の池地獄《いけじごく》」は厳然《げんぜん》としてある。

㉟

自分《じぶん》の肉体《にくたい》を全部《ぜんぶ》自分《じぶん》のものだと思《おも》うな。神仏《しんぶつ》から頂《いただ》いたものなのだ。

㊱

自己《じこ》の肉体《にくたい》を聖霊《せいれい》の器《うつわ》とせよ。

㊲

天《てん》知《し》る　地《ち》知《し》る　我《われ》知《し》る　他人《ひと》知《し》る　悪事《あくじ》は必《かなら》ず知《し》られる。

㊳

罪《つみ》の赦《ゆる》しが、愛《あい》の実践《じっせん》なのだ。

㊴

人《ひと》を裁《さば》きたくなったら、「汝《なんじ》らのうち、罪《つみ》なき者《もの》のみ石《いし》にて打《う》つがよい。」とつぶやくがよい。

㊵

悪霊《あくりょう》の発生源《はっせいげん》は、呪《のろ》いであり、利己欲《りこよく》と排他性《はいたせい》である。

㊶

霊現象《れいげんしょう》が多発《たはつ》する人《ひと》は、この世的《よてき》にも、人格《じんかく》を磨《みが》き続《つづ》けることが大切《たいせつ》だ。

㊷

波長同通《はちょうどうつう》の法則《ほうそく》がある。憑依《ひょうい》する霊《れい》と憑依《ひょうい》される人《ひと》からは、同《おな》じ波長《はちょう》が発信《はっしん》されている。

㊸

判断《はんだん》や行動《こうどう》に異常性《いじょうせい》がある人《ひと》には、高級霊《こうきゅうれい》がかかってくることはない。

㊹

だから自《みずか》らを正《ただ》せ。それが本当《ほんとう》に自分《じぶん》を守《まも》るということでもある。

㊺

自分《じぶん》の欲《よく》を増大《ぞうだい》する方向《ほうこう》で、いつも聞《き》こえてくる霊《れい》の声《こえ》は、悪霊《あくれい》の可能性《かのうせい》が高《たか》い。

㊻

「学歴即霊格《がくれきそくれいかく》」ということはない。欲《よく》の強《つよ》い人《ひと》ほど、この世《よ》では強《つよ》いこともある。

㊼

一見《いっけん》、バカに見《み》える人《ひと》の中《なか》に、高級霊《こうきゅうれい》は潜《ひそ》んでいる。

㊽

神《かみ》を見《み》ることができる人《ひと》は、「心清《こころきよ》き人《ひと》」が第一《だいいち》である。

㊾

有名人《ゆうめいじん》の霊《れい》が語《かた》ってくる時《とき》は、冷静《れいせい》で、謙虚《けんきょ》で、客《きゃっ》観的《かんてき》でなければならない。

㊿

大木《たいぼく》のようにガッシリと大地《だいち》に根《ね》を張《は》れ。どのような風雨《ふうう》にも耐《た》えよ。

51

収入《しゅうにゅう》のあり方《かた》、使《つか》い方《かた》、管理《かんり》・運用《うんよう》のあり方《かた》、すべてに人格《じんかく》が反映《はんえい》される。

㊾

お金《かね》がこの世《よ》で一番大事《いちばんだいじ》と考《かんが》えている者《もの》は、あの世《よ》でお金《かね》を使《つか》わないのに驚《おどろ》く。

㊿③

収入《しゅうにゅう》、集金《しゅうきん》に、違法性《いほうせい》、悪徳性《あくとくせい》があってはならない。

㊺54

悪《わる》い目的《もくてき》のために、お金《かね》を使《つか》ってはならない。

55

お金《かね》で人《ひと》の人生《じんせい》を狂《くる》わせてはならない。

㊻

お金《かね》で異《い》性《せい》を釣《つ》るのは、恥《は》ずべきことである。

㊺

お酒《さけ》、麻薬《まやく》、覚醒剤《かくせいざい》、不正薬物《ふせいやくぶつ》で、お金《かね》の奴隷《どれい》をつくり、人《ひと》の人生《じんせい》を狂《くる》わせてはならない。

㊿8

しかし、正当《せいとう》な勤労《きんろう》によって、貯蓄《ちょちく》し、富《とみ》をなすことは善《ぜん》である。

59

善《ぜん》なるお金《かね》を、自助《じじょ》、自立《じりつ》、正当《せいとう》な自由《じゆう》のために使《つか》え。

㊿

吝嗇《りんしょく》と惜福《せきふく》とは違《ちが》う。前者《ぜんしゃ》は顔《かお》つきが悪《わる》くなり、後者《こうしゃ》は、福相《ふくそう》が表《あら》われる。

㊀61

分福《ぶんぷく》の心《こころ》は大切《たいせつ》である。
おすそ分《わ》けの心《こころ》を持《も》て。

㉜

分《ぶん》を過《す》ぎた評価《ひょうか》で、金銭《きんせん》を与《あた》え過《す》ぎると、人《ひと》は簡単《かんたん》に堕落《だらく》する。

63

僧職《そうしょく》にある者《もの》でも、お布施《ふせ》を受《う》けるにふさわしい人徳《じんとく》と精進《しょうじん》が必要《ひつよう》である。

⑭64

過度《かど》な欲望《よくぼう》を持《も》っている者《もの》にとっては、うなるようなお金《かね》は、毒蛇《どくじゃ》と共《とも》に暮《く》らしているのに似《に》ている。

㉟65

事業経営《じぎょうけいえい》にあっては、お金《かね》は血液《けつえき》だと思《おも》って、善《ぜん》の循環《じゅんかん》を目指《めざ》すがよい。

㊻

人《ひと》には、お金《かね》を扱《あつか》える額《がく》に器《うつわ》があると知《し》れ。

㊿67

人《ひと》を使《つか》う立場《たちば》にあっては、公平無私《こうへいむし》の心《こころ》で、利益《りえき》を分配《ぶんぱい》せよ。

㊳

お金《かね》は、一部《いちぶ》を貯金《ちょきん》し（惜福《せきふく》）、一部《いちぶ》を分福《ぶんぷく》し、一部《いちぶ》を将来《しょうらい》のための投資《とうし》（植福《しょくふく》）に使《つか》え。

⑥⑨

「天《てん》の蔵《くら》に富《とみ》を積《つ》む」という思想《しそう》は、異端《いたん》・邪説《じゃせつ》でもなく、消費者契約《しょうひしゃけいやく》とも違《ちが》うものである。

⑦⓪

お布施《ふせ》を返還請求《へんかんせいきゅう》できると考《かんが》えている、法律家《ほうりつか》、政治家《せいじか》、ジャーナリストは、閻魔様《えんまさま》の前《まえ》で、自分《じぶん》がもう一度《いちど》裁《さば》かれることになる。

71

釣《つ》り上《あ》げた魚《さかな》に餌《えさ》はやらないと考《かんが》えている男《おとこ》は、
実《じっ》にさもしい。

㉗

男女《だんじょ》が平等《びょうどう》なのは、仏性《ぶっしょう》においてであって、この世《よ》での使命《しめい》や機能《きのう》は、公平《こうへい》でなくてはならない。

⑦③

命《いのち》は有限《ゆうげん》である。だから大切《たいせつ》に毎日《まいにち》を生《い》きよ。

⑺④

親子《おやこ》でも魂《たましい》は別《べつ》である。これは良《よ》い意味《いみ》でも、悪《わる》い意味《いみ》でも、真実《しんじつ》である。

⑮

日本神道《にほんしんとう》の問題点《もんだいてん》は、この世《よ》で偉《えら》い人《ひと》を「神《かみ》」にし、この世《よ》で「恨《うら》み心《ごころ》」を遺《のこ》した人《ひと》も「神《かみ》」にまつり上《あ》げることである。

⑯

あの世《よ》の世界《せかい》は、神《かみ》の目《め》からみて「公平《こうへい》」であり、
あの世《よ》まで「平等《びょうどう》」にしてはいけない。

⑰

残念《ざんねん》だが、一部《いちぶ》の人《ひと》たちは、「畜生道《ちくしょうどう》」に堕《お》ちて、やがて動物《どうぶつ》に生《う》まれ変《か》わる。

⑺⑻

魂《たましい》の修行場《しゅぎょうば》としての三次元地球《さんじげんちきゅう》を護《まも》るためには、神仏《しんぶつ》は、神罰《しんばつ》、仏罰《ぶつばつ》を与《あた》えることもある。

⑲

人生《じんせい》の目的《もくてき》と使命《しめい》を発見《はっけん》せよ。あなたが今《いま》、生《い》きている意味《いみ》である。

⑳

地球《ちきゅう》という修行場《しゅぎょうば》は、宇宙人類《うちゅうじんるい》（スペース・ピープル）のためにも、その使命《しめい》を果《は》たさねばならない。

㉛

死《し》は、いつ訪《おとず》れるか分《わ》からない。子供《こども》でも、若者《わかもの》でも、日々《ひび》の覚悟《かくご》が必要《ひつよう》である。

㉜

人生修行《じんせいしゅぎょう》の結論《けつろん》が、無神論《むしんろん》・唯物論《ゆいぶつろん》であれば、あなたの今世《こんぜ》の人生《じんせい》は失敗《しっぱい》である。

⑧③

離婚《りこん》・再婚《さいこん》も、新《あたら》しい学習環境《がくしゅうかんきょう》と思《おも》え。

⑭84

人《ひと》は経験《けいけん》によって、学《まな》び、少《すこ》しは賢《かしこ》くなる。

㊅85

神仏《しんぶつ》・両親《りょうしん》から頂《いただ》いた身体《からだ》をそまつに扱《あつか》うな。よく手入《てい》れをすれば、丈夫《じょうぶ》で長持《ながも》ちする。

㊻

自制心《じせいしん》を磨《みが》くことが天使《てんし》・菩薩《ぼさつ》への道《みち》である。

㊇

自制心《じせいしん》は、まず若《わか》い頃《ころ》の男女関係《だんじょかんけい》で試《ため》される。

㊽

老《お》いてなお、日々《ひび》に自分《じぶん》を磨《みが》く者《もの》は、後光《ごこう》が射《さ》してくる。

㉘

学問《がくもん》は、あなたの精神《せいしん》を練《ね》り上《あ》げるために使《つか》え。

⑨⓪

沈黙《ちんもく》のうちに、人生《じんせい》の智慧《ちえ》を蜜《みつ》のようにためよ。

91

地《じ》獄《ごく》の試《し》錬《れん》の中《なか》で、反《はん》省《せい》と感《かん》謝《しゃ》が支《ささ》えとなることを知《し》れ。

㉜

いずれこの世《よ》は去《さ》るものと考《かんが》え、日々《ひび》に執着《しゅうちゃく》を薄《うす》めてゆけ。

⑨③

この世的欲望《よてきよくぼう》を持《も》ち続《つづ》ける限《かぎ》り、「欲界転生《よくかいてんしょう》」からは逃《のが》れられない。

⑭

仏陀《ぶっだ》やキリストは、いつもそこにいるのに、あなたに真理《しんり》の眼《め》が開《ひら》けていないだけだ。

⑮

あの世《よ》に還《かえ》る日《ひ》のことを楽《たの》しみにできる心境《しんきょう》になれ。

㊽

自慢《じまん》の心《こころ》と名声欲《めいせいよく》は、最後《さいご》まで残《のこ》る。

⑨⑦

自《みずか》らの心《こころ》を完全《かんぜん》に統御《とうぎょ》したものが、「仏《ほとけ》」への道《みち》を進《すす》むのだ。

⑱

信仰心《しんこうしん》とは、水中《すいちゅう》から、頭《あたま》を出《だ》し、空気《くうき》を吸《す》うことだ。

⑲⑲

簡単《かんたん》に「神《かみ》」になるな。自《みずか》らの動物性《どうぶつせい》をもう一度《いちど》、点検《てんけん》せよ。

⑩

辞世《じせい》の句《く》を考《かんが》えよ。

あとがき・解説

第一巻『人生《じんせい》への言葉《ことば》』、第二巻『仕事《しごと》への言葉《ことば》』に続いて、もう一段、宗教的悟りに近い、第三巻『人格《じんかく》をつくる言葉《ことば》』を編《あ》んでみた。説法として、いろんな人々に言いたいことは、たくさんある。コロナ禍《か》の現今《げんこん》、大規模集会も、数多い講演会も開催《かいさい》しにくいので、こうした百ヶ条の箴言集《しんげんしゅう》で私の気持ちを伝えている。

この方が、分かりやすいという人も多かろう。

機会あれば、支部や精舎でも勉強会をやってほしい。

海外の信者も、字数が少ないので、訳してもらえば、私の思想が容易につかめるだろう。

本巻は、イエス・キリスト、釈尊、エル・カンターレ本体の合作である。（ちなみに、第一巻は釈尊、第二巻は行基菩薩（如来）の霊示を受けている。）

しっかり味読《みどく》して頂きたい。

二〇二二年　十二月十七日

幸福《こうふく》の科学《かがく》グループ創始者兼総裁《そうししゃけんそうさい》　大川隆法《おおかわりゅうほう》

人格《じんかく》をつくる言葉《ことば》

2023年1月7日　初版第1刷
2024年5月2日　　　　第7刷

著　者　　大《おお》 川《かわ》 隆《りゅう》 法《ほう》

発行所　　幸福の科学出版株式会社

〒107-0052 東京都港区赤坂2丁目10番8号
TEL(03)5573-7700
https://www.irhpress.co.jp/

印刷・製本　株式会社 研文社

落丁・乱丁本はおとりかえいたします

ISBN978-4-8233-0403-3 C0030

大川隆法ベストセラーズ・書き下ろし箴言集

妖怪にならないための言葉

1,540円

嘘、偽善、自己保身……、心の「妖怪性」はあなたの中にもある――。現代社会にも生息する妖怪の実態に迫り、「裏側世界」の真実に迫る一書。

地獄に堕ちないための言葉

1,540円

死後に待ち受けるこの現実にあなたは耐えられるか？ 今の地獄の実態をリアルに描写した、生きているうちに知っておきたい100の霊的真実。

病の時に読む言葉

1,540円

病の時、人生の苦しみの時に気づく、小さな幸福、大きな愛――。生かされている今に感謝が溢れ出す、100のヒーリング・メッセージ。

コロナ時代の経営心得

1,540円

未来への不安は、この一書で吹き飛ばせ！ 逆境を乗り越え、真の発展・繁栄の王道を歩むための「経営の智恵」が凝縮された100の言葉。

仕事への言葉

1,540円

あなたを真の成功へと導く仕事の極意が示された書き下ろし箴言集。ビジネスや経営を通して心豊かに繁栄するための100のヒントがここに。

人生への言葉

1,540円

幸福をつかむ叡智がやさしい言葉で綴られた書き下ろし箴言集。「真に賢い人物」に成長できる、あなたの心を照らす100のメッセージ。

大川隆法ベストセラーズ・**幸福に生きるヒントをあなたに**

初期
質疑応答
シリーズ
第1～7弾!

「エル・カンターレ 人生の疑問・悩みに答える」シリーズ

幸福の科学の初期の講演会やセミナー、研修会等での質疑応答を書籍化。一人ひとりを救済する人生論や心の教えを、人生問題のテーマ別に取りまとめたＱＡシリーズ。

【各 1,760 円】

1 人生をどう生きるか
2 幸せな家庭をつくるために
3 病気・健康問題へのヒント
4 人間力を高める心の磨き方
5 発展・繁栄を実現する指針
6 霊現象・霊障への対処法
7 地球・宇宙・霊界の真実

1

2
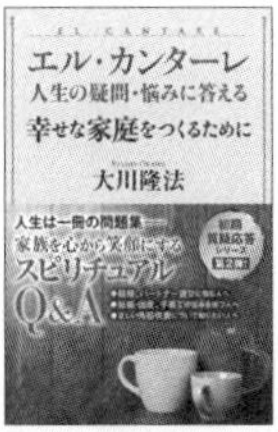

3

4

5

6

7

幸福の科学出版 ※表示価格は税込10%です。

大川隆法ベストセラーズ・信仰に生きる

信仰の法

地球神
エル・カンターレとは

2,200 円

さまざまな民族や宗教の違いを超えて、地球をひとつに──。文明の重大な岐路に立つ人類へ、「地球神」からのメッセージ。

信仰のすすめ

泥中の花・
透明な風の如く

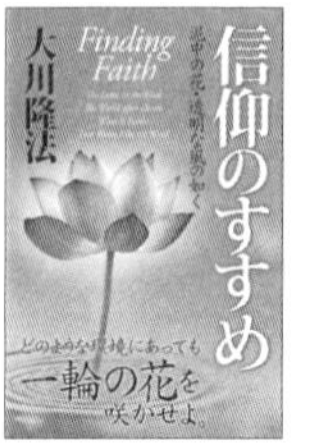

1,650 円

どんな環境にあっても、自分なりの悟りの花を咲かせることができる。幸福の科学の教え、その方向性をまとめ、信仰の意義を示す書。

宗教者の条件

「真実」と「誠」を
求めつづける生き方

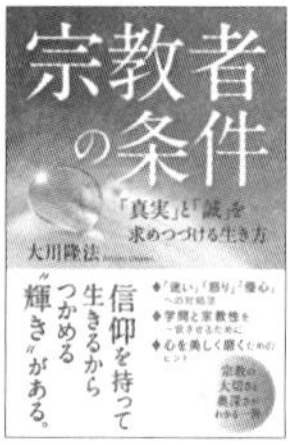

1,760 円

宗教者にとっての成功とは何か──。「心の清らかさ」や「学徳」、「慢心から身を護る術」など、形骸化した宗教界に生命を与える、宗教者必読の一冊（2023年8月改版）。

真実への目覚め

幸福の科学《ハッピー・サイエンス》入門

1,650 円

2010年11月、ブラジルで行われた全5回におよぶ講演の書籍化！ 国境を超え、人種を超え、人々の魂を揺さぶった「幸福の科学」の基本思想が明かされる。

永遠の仏陀

不滅の光、いまここに

すべての者よ、無限の向上を目指せ──。大宇宙を創造した久遠の仏が、生きとし生けるものへ託した願いとは。限りなき神秘性と冴え渡る合理性とを融合した、永遠の仏陀の偉大なる悟りが、ここに明かされる。

1,980 円

〔 携 帯 版 〕

1,320 円

幸福の科学グループのご案内

宗教、教育、政治、出版などの活動を通じて、地球的ユートピアの実現を目指しています。

幸福の科学

一九八六年に立宗。信仰の対象は、地球系霊団の最高大霊、主エル・カンターレ。世界百七十カ国以上の国々に信者を持ち、全人類救済という尊い使命のもと、信者は、「愛」と「悟り」と「ユートピア建設」の教えの実践、伝道に励んでいます。

（二〇二四年四月現在）

愛

幸福の科学の「愛」とは、与える愛です。これは、仏教の慈悲《じひ》や布施《ふせ》の精神と同じことです。信者は、仏法真理をお伝えすることを通して、多くの方に幸福な人生を送っていただくための活動に励んでいます。

悟り

「悟り」とは、自らが仏の子であることを知るということです。教学《きょうがく》や精神統一によって心を磨き、智慧《ちえ》を得て悩みを解決すると共に、天使・菩薩《ぼさつ》の境地を目指し、より多くの人を救える力を身につけていきます。

ユートピア建設

私たち人間は、地上に理想世界を建設するという尊い使命を持って生まれてきています。社会の悪を押しとどめ、善を推し進めるために、信者はさまざまな活動に積極的に参加しています。

幸福の科学の教えをさらに学びたい方へ

心を練る。叡智《えいち》を得る。
美しい空間で生まれ変わる――
幸福の科学の精舎《しょうじゃ》

幸福の科学の精舎《しょうじゃ》は、信仰心《しんこうしん》を深め、悟《さと》りを向上させる聖なる空間です。全国各地の精舎では、人格向上のための研修や、仕事・家庭・健康などの問題を解決するための助力が得られる祈願《きがん》を開催《かいさい》しています。研修や祈願に参加することで、日常で見失いがちな、安らかで幸福な心を取り戻《もど》すことができます。

総本山・正心館

総本山・未来館

総本山・日光精舎

総本山・那須精舎

東京正心館

全国に27精舎を展開。

運命が変わる場所 ――
幸福の科学の支部《しぶ》

幸福の科学は1986年の立宗《りっしゅう》以来、「私、幸せです」と心から言える人を増やすために、世界各地で活動を続けています。
国内では、全国に400カ所以上の支部が展開し、信仰《しんこう》に出合って人生が好転する方が多く誕生しています。
支部では御法話拝聴会、経典学習会、祈願、お祈り、悩み相談などを行っています。

海外支援・災害支援

幸福の科学のネットワークを駆使し、世界中で被災地復興や教育の支援をしています。

毎年２万人以上の方の自殺を減らすため、全国各地でキャンペーンを展開しています。

公式サイト **withyou-hs.net**

自殺防止相談窓口

受付時間　火～土:10～18時（祝日を含む）

TEL **03-5573-7707** メール **withyou-hs@happy-science.org**

視覚障害や聴覚障害、肢体不自由の方々と点訳・音訳・要約筆記・字幕作成・手話通訳等の各種ボランティアが手を携えて、真理の学習や集い、ボランティア養成等、様々な活動を行っています。

公式サイト **helen-hs.net**

入会のご案内

幸福の科学では、主エル・カンターレ 大川隆法総裁が説く仏法真《ぶっぽうしん》理《り》をもとに、「どうすれば幸福になれるのか、また、他の人を幸福にできるのか」を学び、実践しています。

入会

仏法真理を学んでみたい方へ

主エル・カンターレを信じ、その教えを学ぼうとする方なら、どなたでも入会できます。入会された方には、『入会版「正心法語《しょうしんほうご》」』が授与されます。
入会ご希望の方はネットからも入会申し込みができます。
happy-science.jp/joinus

三帰《さんき》誓願《せいがん》

信仰をさらに深めたい方へ

仏弟子としてさらに信仰を深めたい方は、仏《ぶっ》・法《ぽう》・僧《そう》の三宝《さんぽう》への帰依を誓う「三帰誓願式」を受けることができます。三帰誓願者には、『仏説・正心法語』『祈願文《きがんもん》①』『祈願文②』『エル・カンターレへの祈り』が授与されます。

幸福の科学 サービスセンター
TEL 03-5793-1727（受付時間／火～金:10～20時 土・日祝:10～18時（月曜を除く））

幸福の科学 公式サイト
happy-science.jp

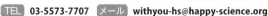

幸福実現党

内憂外患《ないゆうがいかん》の国難に立ち向かうべく、2009年5月に幸福実現党を立党しました。創立者である大川隆法党総裁の精神的指導のもと、宗教だけでは解決できない問題に取り組み、幸福を具体化するための力になっています。

幸福実現党 党員募集中

あなたも幸福を実現する政治に参画しませんか。

＊申込書は、下記、幸福実現党公式サイトでダウンロードできます。
住所：〒107-0052
東京都港区赤坂2-10-8 6階 幸福実現党本部

TEL 03-6441-0754　FAX 03-6441-0764
公式サイト hr-party.jp

HS政経塾

大川隆法総裁によって創設された、「未来の日本を背負う、政界・財界で活躍するエリート養成のための社会人教育機関」です。既成の学問を超えた仏法真理を学ぶ「人生の大学院」として、理想国家建設に貢献する人材を輩出するために、2010年に開塾しました。これまで、多数の地方議員が全国各地で活躍してきています。

TEL 03-6277-6029
公式サイト hs-seikei.happy-science.jp

ハッピー・サイエンス・ユニバーシティ
Happy Science University

ハッピー・サイエンス・ユニバーシティとは

ハッピー・サイエンス・ユニバーシティ（HSU）は、
大川隆法総裁が設立された「日本発の本格私学」です。
建学の精神として「幸福の探究と新文明の創造」を掲げ、
チャレンジ精神にあふれ、新時代を切り拓く人材の輩出を目指します。

人間幸福学部　経営成功学部　未来産業学部

HSU長生キャンパス TEL **0475-32-7770**
〒299-4325 千葉県長生郡長生村一松丙 4427-1

未来創造学部

HSU未来創造・東京キャンパス
TEL **03-3699-7707**
〒136-0076 東京都江東区南砂2-6-5 公式サイト **happy-science.university**

学校法人 幸福の科学学園

学校法人 幸福の科学学園は、幸福の科学の教育理念のもとにつくられた教育機関です。人間にとって最も大切な宗教教育の導入を通じて精神性を高めながら、ユートピア建設に貢献する人材輩出を目指しています。

幸福の科学学園
中学校・高等学校（那須本校）
2010年4月開校・栃木県那須郡（男女共学・全寮制）
TEL **0287-75-7777** 公式サイト **happy-science.ac.jp**

関西中学校・高等学校（関西校）
2013年4月開校・滋賀県大津市（男女共学・寮及び通学）
TEL **077-573-7774** 公式サイト **kansai.happy-science.ac.jp**

仏法真理塾「サクセスNo.1」

全国に本校・拠点・支部校を展開する、幸福の科学による信仰教育の機関です。小学生・中学生・高校生を対象に、信仰教育・徳育にウエイトを置きつつ、将来、社会人として活躍するための学力養成にも力を注いでいます。

TEL 03-5750-0751（東京本校）

エンゼルプランV

東京本校を中心に、全国に支部教室を展開。信仰をもとに幼児の心を豊かに育む情操教育を行い、子どもの個性を伸ばして天使に育てます。

TEL 03-5750-0757（東京本校）

エンゼル精舎

乳幼児が対象の、託児型の宗教教育施設。エル・カンターレ信仰をもとに、「皆、光の子だと信じられる子」を育みます。

（※参拝施設ではありません）

不登校児支援スクール「ネバー・マインド」

TEL 03-5750-1741

心の面からのアプローチを重視して、不登校の子供たちを支援しています。

ユー・アー・エンゼル！（あなたは天使！）運動

障害児の不安や悩みに取り組み、ご両親を励まし、勇気づける、障害児支援のボランティア運動を展開しています。

一般社団法人 ユー・アー・エンゼ

TEL 03-6426-7797

NPO活動支援

学校からのいじめ追放を目指し、さまざまな社会提言をしています。また、各地でのシンポジウムや学校への啓発ポスター掲示等に取り組む一般財団法人「いじめから子供を守ろうネットワーク」を支援しています。

公式サイト mamoro.org　ブログ blog.mamoro.org

相談窓口 TEL.03-5544-8989

百歳まで生きる会～いくつになっても生涯現役～

幸福の科学

「百歳まで生きる会」は、生涯現役人生を掲げ、友達づくり、生きがいづくりを通じ、一人ひとりの幸福と、世界のユートピア化のために、全国各地で友達の輪を広げ、地域や社会に幸福を広げていく活動を続けているシニア層（55歳以上）の集まりです。

【サービスセンター】TEL 03-5793-1727

シニア・プラン21

「百歳まで生きる会」の研修部門として、心を見つめ、新しき人生の再出発、社会貢献を目指し、セミナー等を開催しています。

【サービスセンター】TEL 03-5793-1727